ありがとう

まえがき

私は、毎日あちこちで、いろんなテーマで講演させていただいております。その中で、子育てやいじめ、人間関係に関する悩みの相談を受けることが、とても多いです。

この小冊子は、私の感じたこと、出合ったエピソード、思うことを短くまとめ、よく相談をいただく事の解決の糸口を見出していただければという思いで作りました。

ぜひ、読んでみてください。

高木善之

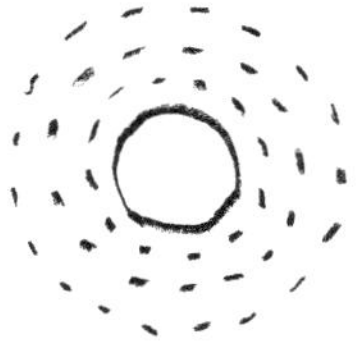

もくじ

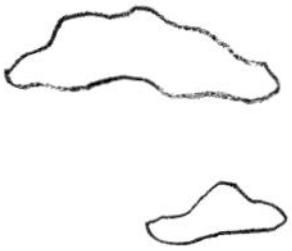

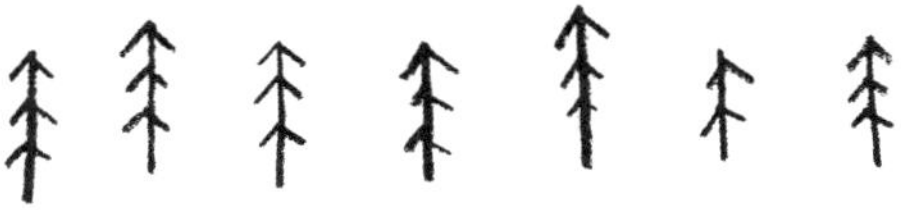

メガネザル

私の末の子ども、加乃が小学校一年生の時のことです。

小学校に入学してまもなく、学校の視力検査で「近視ですからメガネをかけるように」と言われ、メガネを買ってやりました。加乃は、「よく見える、よく見える」と大喜びでメガネをかけて登校しました。

その日、先に帰った兄が、「お母さん、きょう学校でね、加乃が『メガネザル、メガネザル』って言われてたよ」と告げました。

妻は驚き、いろんなことを考え、心配したそうです。

「加乃はメガネをかけて帰ってくるだろうか」

「学校であったことを話すだろうか」

「明日からメガネをかけるのをいやがらないだろうか」

「これがイジメにならないだろうか」と考えながら娘が帰るのを待っ

ていたのです。

そこに娘はメガネをかけてニコニコして帰ってきて、「お母さん、聴いて聴いて！　今日ね、メガネをかけていったでしょう。そしたらね、みんながメガネザルとかパンダとかいろんなことを言ってくれたの。楽しかった。そしてね、今度みんなで動物園に行こうってことになったんだよ。いいでしょ？　やった！」と嬉しそうに話したので、妻はほっと胸をなでおろしました。

「子育て」は、方法論ではなく、ポジティブに前向きに捉えていける「たくましさ」を身につけることだと思います。社会に出てからの人間関係の悩みの根本解決も、ここにヒントがあるようです。

ハゲ

娘は生まれたとき頭に三センチくらいのアザがあり、そこだけ髪が生えません。

娘にそのことを知らせています。

「加乃は生まれたときからアザがあって、そこだけ髪が生えないんだよ」とよく見せます。ふだんはそこは髪で隠れています。

うちでは事実を話すだけで、そこにいい悪いなどの余分な意味をつけません。

小学校に入学してしばらくして担任の先生から電話がかかりました。

「高木さん、おたくの加乃ちゃん、頭にハゲがありますね。きょう外へ出たとき風が強くて、髪の間からハゲが見えましてね、周りの子どもたちが『あ、ハゲやハゲや』と騒いだんです。私はとっさにどうしようかと迷っていたのですが、加乃ちゃんは『見て見て、私ね、生まれたときからアザがあってね、ここだけ髪が生えないの』と言って、自分で髪を上げてみんなに見せて回ったんです。そしたらみんなも『どうして』とか『もういっぺん見せて』とか言って何べんも納得するまで見たんです。するとあとは何も言わないんです。驚きました。これだったらいじめは起きないですね・・・どんな子育てしているんですか」と驚かれていました。

僕は走っています（ある作文から）

きのうは運動会でマラソンに出ました。

僕はふだんから練習していて自信があったので、「十番以内に入ったら、ごほうびにどこか連れて行って」とお父さんに頼んでいました。

思い切り走りました。途中まで3番でした。

十番以内は確実だと思いました。

途中の細い道のところに大きな石が転がっていました。

僕はいったん通り過ぎてから「危ないな、誰か転ぶな」と思いました。

それで止まって引き返して、その石をどかしました。

その間にだいぶん追い抜かされて、十一位になりました。

十番以内になれなかったけど、僕はすごくいい気持ちがしました。

僕は今も走っています。

私がこれを知ったのはだいぶん前のことですが、今でもその時と同じ新鮮な驚きがあります。みんながこの子のようであれば、争いも破壊もなくなるでしょう。

競争社会では大人になるにしたがって、自分の利害にとらわれ人のことが考えられなくなります。そして、自然との関わりすら失うようになります。

でも、多くのものとの関わりを失うことは、自分の存在感、安心感、充実感を失うことではないでしょうか。

幸せとは、すべてのものとの関わりがあると感じること
すべてのことに責任を持つこと

サン・テグジュペリ「星の王子様」より

うちの家はみんなが悪い（ある作文から）

きょう私が学校から帰ると、お母さんが「お兄ちゃんの机を拭いていて金魚鉢を落として割ってしまった。もっと気をつければよかったのに、お母さんが悪かった」と言いました。するとお兄ちゃんは「僕が端っこに置いておいたから、僕が悪かった」って、言いました。

でも私は思い出しました。きのうお兄ちゃんが端っこに置いたとき私は「危ないな」って思ったのにそれを言わなかったから、私が悪かったと言いました。

夜、帰ってきてそれを聴いたお父さんは「いや、お父さんが金魚鉢を買うとき、丸い方でなく四角い方にすればよかったなあ。お父さんが悪かった」と言いました。そしてみんなが笑いました。

うちはいつもこうなんです。
うちの家はいつもみんなが悪いのです。

古い筆箱

うちではあまり新しいものを買い与えません。

娘が小学校に入る時、妻は自分の古い皮製の筆箱を出してきて、

「これはお母さんが小学校の時から大切に使っていた宝物なの。これを買ってくれたお父さん、加乃のおじいさんは、お母さんが小学校の時に亡くなったの。お母さんはこれをお父さんの形見としてとても大切にしてたのよ。お前が大切に使うんだったら、あげようか」

と話しました。娘は、

「うん、大切に使うからちょうだい！」と言って、それをもらいました。

ある日、担任の先生から電話がかかってきました。

「加乃ちゃん、古い筆箱を持っていますね。きょうそれがクラスで話題になりましてね」

先生の話によると、男の子が娘に「お前の筆箱、古いやないか、僕のはこんなんやで」と自分のピカピカの筆箱を自慢したのです。ほかの子も周りに集まってきて、娘の古い筆箱のことを囃（はや）し立てたそうです。

それに気づいた先生が、とっさになんて言おうかと迷っていると、娘は「ねっ、古いでしょ！　いいでしょ！　これはお母さんが子どものころから大切に使っていたんだって。おじいちゃんの形見なの。私も大事に使って、私の子どもにこれをあげるの」と言ったそうです。

周りの子どもたちは一瞬シーンとなり、そしてしばらくすると男の子たちが「ふーん、ええな」と言ったそうです。

先生は、それを見て大きなショックを受けたそうです。

この話はそのあと、ＰＴＡや近所で評判になり、何度か「お話をしてください」と頼まれました。またＰＴＡでも「いじめ」についての話し合いなどの折に、例としてよく話されました。

いじめはなぜ起こるのでしょう。

いじめは親や先生などの大人の見方や考え方が子どもたちに大きく反映しているのかもしれません。

きっかけ

私の子育てのきっかけとなった事件についてお話ししたいと思います。

私の住んでいる近くに金剛山という山があり、家族や学校でもよく登ります。冬には雪が積もりますので耐寒訓練などもあります。だいぶん前のことですがそこで小学生が迷子になるという事故が二件ありました。

一人は翌日、雪の中に穴を掘ってじいっとうずくまっているところを、無事に助けられました。もう一人は凍死していたのです。

新聞に掲載された記事によると助かった子は、

「お父さんがいつも『何かあれば必ず助けに行くからじっとしてい

るんだぞ』と言っていたから、雪の中でじっとしていた。怖かった。さみしかった。でも怖くなったら歌を歌った」とのことでした。

そして、実際にお父さんは、捜索隊に加わりその子を助けにいったのだそうです。助かった子どもは、実際にお父さんの教えを守って、命が助かったのです。

死んだ子は、「パニックを起こし、ジャンパーがなくなり、あちこち体中に傷があり、体力を消耗し、滑落して凍死」とのことでした。

この記事を読んだ私は「この子の死を無駄にしたくない。この二人の運命を分けたものは何だろう」と思いました。本当のことはわかりませんが、私はその時、自分なりに次のことを決意しました。

もっとも大切なことは生きることだ。

どんな状況でも幸せに生きていくことのできる力を身に付けることだ。そうだ、子どもにとって一番大切なのは、学歴や偏差値、出世ではない。どんなことがあってもパニックを起こさず、現実を受け止め、冷静に判断し、生き抜く力なのだ。

それには何も恐れないこと、いついかなる場合でも、誰とでも仲良くするだけの度量と勇気が必要なのだ。

私たち大人が、子どもに与えるのは、どんな状況でも、生き抜く力、誰とでも仲良くできる力なのだ。

これが私の子育ての根本になっています。

父と

私の父は八十四歳、昨年十月に倒れ入院しました。

母は八十八歳、かなり老いが進んでいます。

ヘルパーさんをお願いしていますが、いろいろ大変な状況です。

父の体調のよい日、半日だけ父を家に連れて帰りました。

タクシーが家に近づくととても懐かしそうに、景色を見ていて、
ふと、

「桜が咲いている・・・」と呟きました。

そして家の玄関で迎えに出てきた母が、

「お父さん！　帰ってきたの？　よく帰ってきたね！　嬉しいわ！

懐かしい？　ねえ、家、覚えてる？　ねえ、懐かしい？　懐かしいって言って！」と泣きながら言いました。

父は照れくさそうに、「うん、懐かしい・・・」とだけ言いました。

そして、半年ぶりの家に上がると、自分の部屋に行こうとするので、「お父さん、居間にどうぞ」と言うと、居間に来て自分の揺りイスに座り、ゆらゆら揺られていました。どれくらいわかっているのか、わかりませんが、夕方に病院に連れて帰るまでの数時間、久しぶりの平和なだんらんでした。

先週、父は風邪を引き、衰弱が進みぐったりとしていました。話し掛けても反応がないのでそばでずっと座っていると、父は突然、「きょうは雨で、車を車庫から出すのに苦労した」と大きな声で言いました。驚いていると、今度は、「お前はきょうは、コーラスの練習はないんか?」としっかりした声で言いました。

ああ、そうか、父は夢を見ているのか、過去に帰っているんだとわかりました。私がコーラスの練習で毎日遅かった何十年も前にさかのぼっているのでしょう。

いとおしくなって思わず父を抱きました。耳がかなり遠いので、耳に口をつけて、

「お父さん、好きだよ」と言ってみました。一瞬、不思議そうな顔をしていました。続けて

「お父さん、好きだよ、感謝してるよ、ありがとう、元気になってね」と言うと、意味がわかったらしく、嬉しそうな顔で

「おう、おう」と声を出して、うなずいて、涙を流していました。

抱いた父の体はとても細く、軽く、弱々しかった・・・。

お父さん、あなたがいたから、私はいるのです。

あなたがいなければ、私は存在すらしていなかったのです。

あなたは私の父です。

心から感謝します。

母

父のことを書きましたから、今度は母のことも・・・。

母は八十八歳。父より四歳年上です。

数年前、脳出血で片方失明、そのためかよく転んで怪我をしたり骨折をしたり・・・。

体も衰え、母もいつ何が起こってもおかしくない状況ですので、とても心配です。

私は海外など長期に出かける時、「もう会えないかもしれない・・・」という思いで、別れる時「じゃあ、元気でね」とふざけたフリをして母を抱き、心の中で「さよなら」を言います。すると、母は、「そんなことせんといて。もう会われへんみたいでいやや」と言って照れたりもがいたりします。

背中が曲がって小さくなった母は、背は今は私の胸にも届きません。

五十数年前、私が小さかった頃、海で母にしがみついた時、私の顔の前に母のお腹があったのです。その時の母は大きく、背は私の二倍はあったのです。あれほど大きく、あれほど安心だった母が、今では小さくなってしまいました。

私は、今のように環境問題や生き方の講演を始める前に、その準備として様々な体験をしました。その一つとしての農業体験の中で、サトイモの収穫をした時、農業指導員から「親イモは?」と問いかけられました。一株に五個以上の小イモが丸く並んで育っているのですが、その真中だけ何もないことに気づかされました。しばらく親イモを捜していて、ふと気づきました。

「そうだ!　この真中の何もない場所が親イモを植えた場所なんだ・・・親イモは子イモにすべてを与えつくして、土に還っていったんだ・・・!」

このことに気づいたときは、ショックでした。

サトイモであれ、動物であれ、親は子どもに、自分のすべてを与えつくして土に還っていくのです。それが自然なのです。それが当たり前なのです。

それを繰り返している限り、生命は永遠に続くのです。

すべての生物も、私たちも人間も、長い間それを繰り返してきただけなのです。

その時、「わかった！　間違いがわかった！　不自然なことをしているんだ！　本当の生き方がわかった！　自然に生きれば、戦争も環境破壊も起こらないんだ！」と。

そのことに気づき、私は畑の土の上にしゃがみこみ、涙が止まらなかったのを、今あらためて思い出しました。

とっさの愛

一九八五年八月十二日に五百二十四名を乗せた日航機が御巣鷹山で墜落しました。

私の会社の同僚（友人）も、十二名乗り合わせていました。そのこともありこの事件は、いつまでも、私の心の中にあります。

これは、当時の新聞記事の見出しです。

- **おかあさん！　きゃー！**
- **夏空に消えた思い出　この子らはもう帰らない**
- **絶叫　悲鳴が交錯**
- **怖い、怖い、怖い、死にたくない**
- **迫る山　緊急　緊迫の操縦室**

・幸せでした
・二十九歳の父　死の淵で息子に託す期待
哲也立派になれ　子どもをよろしく　6時30分
・子どもをよろしく　しっかり生きて
・死覚悟　一瞬の親心
抱き合い　遺体発見　遺体は他人同士

墜落するまでの機内の、激しい揺れ、爆発、「おかあさん！」「きゃー！」絶叫悲鳴が交錯する中で、多くの乗客は自分の死を覚悟し、家族に宛てたメッセージを書き残しました。その遺書の中には、「無念だ」という言葉のほかに、不思議なほどに「幸せだった、感謝している」「ありがとう」「みんな仲良く」「みんなを頼む」と記されていました。

死覚悟　一瞬の親心
抱き合い　遺体発見　遺体は他人同士

という見出しに引き付けられました。

事故当時、中年の男性の胸元に小さな子どもが抱かれて、黒焦げになっているのが見つかりました。抱きしめているから、本当に一瞬の親心。

自分が黒焦げになっても、とっさに「わが子の命だけでも」と懐に擁き込み、熱く苦しくてもその手を緩めずにいた、ということでみんなの涙を誘いました。

ところが・・・三日後に、実は抱き合っていたのは親子ではないことがわかったのです。

この中年の男性のご遺体の身元がわかって調べていくと「うちには子どもはいません」ということだったのです。小さい子どもの本当の親は、別の場所から発見されました。
自分の死を覚悟したその瞬間でも、飛んできた子どもを必死で抱き寄せ、自分の懐の中に深く守ろうとした。

一瞬の親心

それは、わが命の危機の瞬間に、たとえそれが他人の子どもであっても、まぎれもない「本能・父性」が目覚めた、ＤＮＡに刻まれた命をつなぐ愛が、とっさに目覚めたということなのだと感じました。

ぜひ、あなたもこのことから、感じてみてください。わたしたちがみんなで運んでいる命をつなぐＤＮＡには、紛れもなく「愛」が刻まれているのです。

耳の大きなおじいさん

私が子どもの頃、近所に東（あずま）さんというお宅があり、そこにおじいさんがいました。おじいさんはいつも籐椅子で揺られていました。耳が大きく、いつもニコニコして、いつも半分寝ていました。

もとは父と同じ病院の歯医者さんでしたが、数年前に定年退職しましたので六十五歳くらいです。いまなら六十五歳は高齢ではありませんが、「村の船頭さん」の歌詞にも「ことし六十のおじいさん」とあるくらいですから、当時は六十五といえば、近所でもっとも高齢でした。

この「耳の大きなおじいさん」は、「悩み事、相談事をするととても楽になり、解決が見つかる」ということで評判で、近所の人はもちろん、遠くからも人がやって来ました。

私は小さな子どもだったので、実際に相談したわけではありませんが、人の話によると、おじいさんは、どんな話も黙って聴くのだそうです。

相手が笑うと、おじいさんも微笑んでくれるのだそうです。

相手が泣くと、おじいさんも涙を流してくれるのだそうです。

相手が黙り込むと、おじいさんはやさしい目で見つめて黙って待ってくれるそうです。

そして、相手が立ち上がると、抱きしめてくれるそうです。

そして玄関まで送ってくれて、相手が見えなくなるまで手を振ってくれるそうです。

相談に来た者は、最後にはみんな涙を流して、「ありがとう！ありがとう！」と感謝して帰っていくそうです。

「耳の大きなおじいさん」はどんな悩み事も、受け止めてくれるのだそうです。

あとになって私は、父親にこのことを聞くと、

「あのおじいさんはね、耳が聞こえなかったんだよ」

と衝撃的なことを話してくれました。

「えっ！　どうして！　どうして耳の聞こえない人が相談を解決できたの？」

と聞くと、父は、

「さあ、わからないけれど・・・きっと愛だったんだろうね」

と言いました。そして父は、「ボケ（認知症）がかなり進んでいた」と付け加えました。


耳が聞こえないおじいさん、認知症のおじいさん、相手の話も聞こえない、相手の話も理解できないおじいさんが、多くの人の相談

事や悩み事を解決したということ。

そのおじいさんを思い出すと、いつもニコニコしている笑顔が浮かんできます。

相談者は、黙って聴いてくれること、うなずいてくれること、共に喜んでくれること、共に悲しんでくれること、それを一番に求めているのです。

本当の自分

本当の自分はどんな自分？
本当の自分は、おこりんぼう？　あまのじゃく？
本当の自分は、なき虫？　心配性？　いじわる？
今の自分はどんな自分？　本当の自分？

本当の自分は、もっとやさしい。
本当の自分は、もっと自由。
本当の自分は、誰とでも仲良し。
本当の自分は、もっと感性豊か。
本当の自分は、もっといろんなことができる。

本当の自分は、もっとすごーい！　もっと幸せ。
本当の自分は、もっとみんなを幸せにしたい！と思ってる。

でも、誰でも時々、本当の自分を見失う。
悩んだり、怒ったり、嫉妬したり、不安になったり、苦しんだり。
本当の自分を見失ったとき、何が原因か考えよう。
何が自分を見失わせたのか、どうして迷子になっているかを。

その原因は次の二つ。
比較と「ねばならない」という気持ち。
比較は心を貧しくする、卑しくする。
「ねばならない」は、心を重くする、金縛りにする。

本当は、比較も「ねばならない」もないんだよ。

みんな同じでなくていいんだよ。
今のまんま、あるがままでいいんだよ。

自分にやさしくなれたとき、本当の自分が目を覚ます。
自分を受け入れたとき、本当の自分が元気になる。

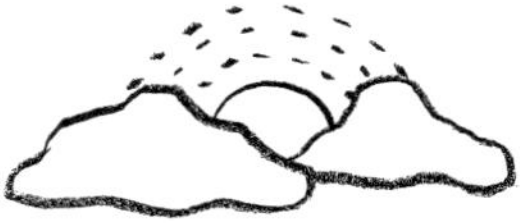

三つのありがとう

アメリカ先住民など、多くの先住民では、「人は幸せをもたらすために生まれてきた」と考えられています。

そして人は一生の間に三つの「ありがとう」を言われるのです。

★バースディ（誕生）
人は幸せをもたらすために、遠い国からやってくると考えられているので、赤ちゃんは、生まれてきたとき、みんなから「ありがとう」と言われて、抱きしめられます。生まれて来た時、「ありがとう」で迎え入れられるのです。

★リ・バース（再誕生）

成長するにしたがって、その人の役割が発揮されてきます。その特徴をこの人の名前にするのです。元気な子は「ブレイブ・ボーイ」、かわいい娘は「ポカホンタス」。さらに大きくなって、一人前になると、グッドハンター（狩りの名人）、メディスンマン（薬草を見つける名人）など。

その名前をつける日をリ・バースデイと呼び、みんなに「ありがとう」と祝福されます。

★ギブ・アウェイ（与え尽くす）

これは、お葬式のことです。私たちは、お葬式は悲しいと思っていますが、先住民は、この日は最後の感謝の日なのです。

人は幸せをもたらすためにやってきたのですから、死ぬことは、「幸せを与え尽くした」と考えられています。だから人が死ぬと、「幸せを与え尽くしてくれて、ありがとう」と、最後の感謝をするのです。
人は、生まれたときと、役割を見つけたときと、死ぬときに、「ありがとう」を言われるのです。

人はみんな、幸せのために生まれてきた。
幸せを与え、幸せを味わい、人は死んでいく。

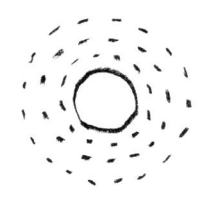

あとがき

高木善之

★幸せになってもらいたい

あなたに幸せになってもらいたいと、心から願っています。

あなたが幸せでないと、あなたの周りもまた幸せではないからです。

幸せはどこかにあるのではなく、きっとあなたの中にあります。自分の中の幸せをもっと見つけてみたい方は、ぜひ、本を読んでください。講演会やワークショップにおいでください。

★幸せの種まき

この小冊子で、あなたが何かを見つけたら、
あなたもまた、それを周りに伝えてください。
この社会では、希望や勇気を見失っている人がたくさんいます。

どうぞ、幸せの種まきをしてください。
ここでつかんだ大切なことを伝えてください。
この小冊子を、あなたの大切な人にプレゼントしてください。

★ありがとう
人は誰も、幸せのために生まれてきました。
不幸のために生まれてきた人はいません。
みんなが幸せでないと、本当の幸せではありません。
そのことがはっきりと分かれば、
ささいなことで悩んだり、迷ったりしません。
あなたは、幸せの種まきに、生まれてきたのです。

あなたが生まれてきたことにありがとう。

高木 善之（たかぎよしゆき）

ＮＰＯ法人ネットワーク『地球村』代表。

1947年生まれ。

1970年　大阪大学基礎工学部卒業。松下電器に入社（在職28年、退職）。合唱やオーケストラの指揮者としても活躍。

1981年　交通事故に遭い、一年間の入院中自分との対話の中で『非対立』の考え方を確立する。そして一生を「みんなの幸せ」の実現のために使うことを決意。「美しい地球を子どもたちに」「平和な世界を子どもたちに」と訴えて様々な提案をしている。

講演や著書の内容は、環境、平和問題から、いじめ、不登校、子育て、生き方など、現状の社会の様々な問題にわたっている。

主な著書は、『虹の天使』『いのち』『だいじょうぶ』『選択可能な未来』『新版 オーケストラ指揮法』『生きる意味』『非対立の生きかた』『本当の自分』『絵本シリーズ』『新地球村宣言』など多数。

- 高木善之 公式サイト（ブログ日記を随時更新しています♪）
  http://www.takagiyoshiyuki.com
- 高木善之 書籍、DVD、マイ箸など
  http://www.chikyumura.or.jp
- 高木善之 講演会スケジュール
  http://www.chikyumura.org/lecture/schedule/
- 高木善之 講演会受付
  http://www.chikyumura.org/lecture/request.html
- 『地球村通信』（毎月発行）購読お申込みについて
  http://www.chikyumura.org/membership/

お問合せ先：『地球村』出版（ネットワーク『地球村』事務局内）
〒530-0027 大阪市北区堂山町1-5 大阪合同ビル301号
tel:06-6311-0326　fax:06-6311-0321
homepage:http://www.chikyumura.org
email:office@chikyumura.org

【出典】

「本当の自分」地球村出版　ISBN4-902306-00-X

「新版 オーケストラ指揮法」総合法令　ISBN978-4-86280-019-0

「地球村通信」（毎月発行）巻頭言より

ありがとう

2006年　3月18日　初版第1刷発行

2008年　3月21日　初版第18刷発行

著　者　高木善之

発行人　高木善之

発行所　NPO法人ネットワーク『地球村』

〒530-0027

大阪市北区堂山町1-5　大阪合同ビル301

TEL 06-6311-0326　FAX 06-6311-0321

印刷・製本　株式会社リーブル

ISBN978-4-902306-14-9　C0095

落丁・乱丁本は、小社出版部宛にお送り下さい。お取り替えいたします。

定価　250円（本体238円＋税）